Bienvenue
Au
Royaume!

Comment Grandir avec Dieu

Daniel King

Table des Matières

Introduction

Bienvenue au Royaume de Dieu.

Il y a deux sortes de royaumes sur cette terre. Le royaume de Dieu est plein de lumière, de vie, de joie, de santé, d'abondance et d'amour. Le domaine de Satan est caractérisé par la noirceur, le péché, la honte, la maladie, le manque, et la haine. Chaque personne doit décider quel royaume il servira.

Félicitations! Si tu as fait de Jésus le Seigneur de ta vie, tu es devenu l'enfant d'un Roi. Dieu est ton père, Jésus Christ est ton frère, et tu es devenu un citoyen du royaume de Dieu. **"Qui nous a délivrés de la puissance des ténèbres et nous a transportés dans le royaume du Fils de son amour, en qui nous avons la rédemption, la rémission des péchés" (Colossiens 1:13-14).**

Il y a plusieurs grandes vérités que les nouveaux membres du royaume doivent apprendre. Ce livre a été créé pour t'aider à découvrir ce que cela veut dire d'être membre de la famille de Dieu. Tu va apprendre comment vivre une vie abondante!

Chapitre 1

Dieu T'aime

"**Dieu est amour**" (**1 Jean 4:8**). L'histoire magnifique de l'amour de Dieu pour toi débute à l'aube des temps. La Bible dit; "**Au commencement, Dieu créa les cieux et la terre**" (**Gen 1:1**). Dieu voulait un ami. Dieu voulait un compagnon qui marcherait et parlerait avec Lui. Il a décidé de créer un ami spécial qui partagerait ses expériences et qui l'aimerait et l'adorerait.

Dieu a commencé à préparer une belle demeure pour Son ami. Il créa la terre, le soleil, la lune, et les étoiles. Il créa les oiseaux dans les airs, les poissons des océans, la variété étendue des animaux et des plantes. Il a façonné avec amour de grandes montagnes, et a creusé les vallées profondes. Il a placé des belles pierres précieuses et de l'or à l'intérieur de la terre tel des trésors attendant d'être trouvés. Lorsque chaque partie de la création de Dieu fût parfaite, Il a créé son chef d'œuvre, les êtres humains. Toutes les créatures naquissent par l'imagination de Dieu, mais Dieu nous a fait à Son image (**Genèse 1:27**).

Le premier homme se nomma Adam et sa femme se nomma Eve. Comme cadeau, Dieu leur donna le monde entier. Il leur dit de régner sur les poissons de l'océan et les oiseaux dans les airs et sur toutes les créatures vivantes qui rampent sur le sol. Adam était Roi de tout ce qu'il pouvait voir.

Tout ce que Dieu a créé a une raison d'être. Les oiseaux ont été créés pour voler, les poissons ont été créés pour nager, les plantes ont été créées pour être de la nourriture, et l'air a été créé pour être respiré. Tu as été créé pour régner et pour être l'ami de Dieu.

Tous les jours, Adam et Eve marchaient et parlaient avec Dieu. Dieu appris à Adam comment être Roi. Il expliqua à Adam les devoirs et les privilèges de régner. Comme Roi, Adam doit protéger et aimer son épouse. Il doit dominer sur la création, Il doit vivre en paix et en harmonie. Il doit utiliser les ressources que Dieu lui a données au meilleur de ses habilités. L'important de tout, en tant que Roi, il doit toujours obéir à son créateur, Dieu tout-puissant.

Malheureusement, il y avait un autre être qui voulait être roi. Son nom était Satan. Il était un ange qui s'est révolté contre Dieu **(Esaïe 14:11-15)** et comme punition, il a été jeté du ciel avec tous ceux qui le suivaient **(Luc 10:18).** Par ce que Satan était jaloux d'Adam, il a décidé de lui voler la royauté.

Dieu a donné à Adam et Eve seulement une instruction. Au milieu de leur jardin, Dieu a placé un arbre. **"Et l'Eternel Dieu ordonna à l'homme: Mange librement des fruits de tous les arbres du jardin, sauf du fruit de l'arbre du choix entre le bien et le mal. De celui-là, n'en mange pas, car le jour où tu en mangeras, tu mourras."** (Genèse 2:16-17). L'arbre qui avait l'air innocent était un test de leur obéissance. S'ils mangeaient de l'arbre ils mourraient spirituellement et ils serraient séparer éternellement de Dieu.

Un jour, Satan est apparu comme un serpent dans le jardin. Il a mentis à Eve et l'a convaincu de manger de l'arbre. Eve a apporté le fruit à Adam et il a aussi mangé **(Genèse 3:6).** A ce moment, Adam a perdu sa royauté car il a désobéi Dieu. Ce soir là, lorsque

Dieu a marché dans le jardin, Adam et Eve se sont cachés car ils avaient peur et ils avaient honte de ce qu'ils avaient fait. Dieu les appela et Il fût grandement attristé lorsque ses amis ne sont pas sortis pour marcher avec lui.

Finalement, Adam et Eve lui ont dis ce qu'ils avaient fait. Ils ont péché par leurs désobéissances envers Dieu. Ils ont perdu leur royauté car ils ont écouté le serpent. Maintenant, Satan aura l'autorité dans le monde. Le péché a séparé l'homme de Dieu (**Genèse 3:22-24**).

Avec une grande tristesse, Dieu a retiré Adam et Eve du jardin qu'Il avait créé pour eux. Il leur a laissé une lueur d'espoir avec la promesse qu'un jour, un nouveau Roi viendrai qui détruirait l'autorité de Satan et les sauverait de leurs péchés de désobéissances (**Genèse 3:14-15**). Ce Sauveur restaurerait la fraternité de Dieu avec les hommes car Il refera des hommes des Rois.

Chapitre 2

Le Péché nous Sépare de Dieu

Le péché a créé un vaste gouffre ou une barrière entre Dieu et les humains. A travers l'histoire, les gens ont essayé de bâtir un pont pour traverser ce gouffre de plusieurs façons différentes (religions, bonnes œuvres, philosophie, moralité, etc.) mais sans succès. Malgré la mauvaise perception commune qu'il y a plusieurs chemins qui mène a Dieu, en réalité il n'y a qu'un chemin pour nous de retrouver une fraternité avec Dieu. Jésus Christ, le Fils de Dieu, dis, **"Le chemin, répondit Jésus, c'est moi, parce que je suis la vérité et la vie. Personne ne va au Père sans passer par moi"** **(Jean 14:6).**

Pendant des décennies, Satan a essayé de détruire l'humanité. Il a causé la pauvreté, la maladie, la douleur et la mort. Les hommes et les femmes ont commencé a mentirent, a tricher et a voler. D'énormes guerres ont eu lieu et des millions sont mort et ont été en enfer, **"le feu éternel qui a été préparé pour le diable et pour ses anges. (Matthieu 25:41)** ou il fait noir et **"Mais ceux qui devaient hériter du royaume, ceux-là seront jetés dans les ténèbres du dehors. C'est là qu'il y aura des pleurs et d'amers regrets. "** **(Mathieu 8:12).**

Malgré ce grand chaos, les humains ont crus à cette promesse d'un Sauveur qui détruirait les effets horribles du péché. Jésus a dit; **"Le voleur ne vient que pour dérober, égorger et détruire; moi,** je suis venu afin que les brebis aient la vie, et qu'elles soient dans l'abondance." (Jean 10:10).

Comme Adam, tous les gens sont des pécheurs. **"Car tous ont péché et sont privés de la gloire de Dieu;" (Romains 3:23).** Chaque personne sur la terre a désobéis les commandements de Dieu **(Exode 20:3-17)** par le mensonge, la tricherie, le vol, la haine, en disant des paroles méchantes, par l'adultère et même des meurtres. Chaque personne est séparée de Dieu à cause de cette désobéissance.

Le résultat du péché humain est la séparation éternelle de Dieu. La séparation éternelle de Lui est pareille à la mort éternel car toute vie vient de Dieu **"C'est pourquoi, comme par un seul homme le péché est entré dans le monde, et par le péché la mort, et qu'ainsi la mort s'est étendue sur tous les hommes, parce que tous ont péché,..." (Romains 5:12).** Le prix qui doit être payé pour le péché est la mort. **"Car le salaire du péché, c'est la mort; mais le don gratuit de Dieu, c'est la vie éternelle en Jésus Christ notre Seigneur." (Romains 6:23).**

Chapitre 3

Jésus est Mort pour Tes Péchés

Ultimement, seulement le Sauveur promis pouvait vaincre Satan et restaurer le royaume. Ce Sauveur était le Fils unique de Dieu. Lorsque le temps parfait est venu, Dieu a envoyé son Fils sur la Terre. **"mais, lorsque les temps ont été accomplis, Dieu a envoyé son Fils, né d'une femme, né sous la loi, afin qu'il rachetât ceux qui étaient sous la loi, afin que nous reçussions l'adoption."** (Galates 4:4-5).

Ce bébé était né d'une vierge nommé Marie dans la ville de Bethlehem tel que les prophètes l'ont promis. Marie a nommé son petit garçon, Jésus Christ.

Jésus était le cadeau d'amour de Dieu au monde. **"Car Dieu a tant aimé le monde qu'il a donné son Fils unique, afin que quiconque croit en lui ne périsse point, mais qu'il ait la vie éternelle."** (Jean 3:16). Dieu nous a donné ce qu'Il avait de meilleur, avec l'espérance que nous Lui donnerions ce que nous avions de meilleur.

Jésus était à la fois Dieu et homme. Il était le Roi de l'univers, mais à cause du grand amour de Dieu pour les humains, Il a mis de côté sa splendeur céleste et est descendu sur la terre pour nous réapprendre à être des rois.

Encore une fois, Dieu a marché et parlé avec les humains en la personne de Jésus. Au début de son ministère, Jésus a dit, **"L'Esprit du Seigneur est sur moi, Parce qu'il m'a oint pour annoncer une bonne nouvelle aux pauvres; Il m'a envoyé pour guérir ceux qui ont le cœur brisé, Pour proclamer aux captifs la délivrance, Et aux aveugles le recouvrement de la vue, Pour renvoyer libres les opprimés, Pour publier une année de grâce du Seigneur. " (Luc 4 :18-19).** Jésus est venu détruire les œuvres de Satan. **"Vous savez comment Dieu a oint du Saint Esprit et de force Jésus de Nazareth, qui allait de lieu en lieu faisant du bien et guérissant tous ceux qui étaient sous l'empire du diable, car Dieu était avec lui."** (Actes 10:38).

Jésus a guéris les aveugles, les sourds, les lépreux, et toutes sortes de maladies **(Matthieu 8-9)**. Il a aussi ressuscité les morts et chassé les démons.

Jésus a enseigné aux gens comment vivre dans le royaume de Dieu. Il a utilisé plusieurs paraboles et histoires merveilleuses pour communiquer

des vérités éternelles. Son plus grand enseignement était, **"Tu aimeras le Seigneur, ton Dieu, de tout ton cœur, de toute ton âme, de toute ta pensée, et de toute ta force."** (Marc 12:30). Il nous a aussi appris d'aimer notre prochain comme nous nous aimons nous-même **(Luc 10:27)**.

Jésus a aussi prêché la Bonne Nouvelle du royaume. Le cœur de son message était, **"Dès ce moment Jésus commença à prêcher, et à dire: Repentez-vous, car le royaume des cieux est**

proche." (Matthieu 4:17). Il demandait aux gens de se repentir (de se tourner) de leurs péchés et de revenir dans le royaume de Dieu.

Jésus entraînait ses disciples à être des rois. Il proclamait la vérité du royaume à travers ses prédications, il enseignait les principes éthiques du royaume par ses dictons sages, et il démontait la puissance du royaume par la guérison des malades.

Jésus est mort sur la croix pour toi.

Jésus a guéris de nombreuses personnes de leurs maladies physiques, mais sa raison principale d'être venu sur terre était de guérir un problème beaucoup plus grand. Jésus a dit, **"Car le Fils de l'homme est venu chercher et sauver ce qui était perdu."** (Luc 19:10). Jésus est venu pour restaurer la fraternité entre les humains et Dieu. Il voulait détruire la barrière de péché qui nous empêche de marcher et de parler avec le Père.

L'unique façon d'accomplir cela était par Sa mort. Le prix qui doit être payé pour le péché est la mort. Jésus était parfait car il n'a jamais péché donc il ne méritait point de mourir. Quoique Jésus fût complètement innocent, Jésus a décidé de donner sa vie pour payer le prix pour le péché d'un autre. **"Car, comme par la désobéissance d'un seul homme beaucoup ont été rendus pécheurs, de même par l'obéissance d'un seul beaucoup seront rendus justes."** (Romains 5:19).

Des hommes méchants ont faussement accusé Jésus et ils l'ont condamné à mourir. Ils ont flagellé son dos avec un fouet et ils ont placé une couronne d'épines sur sa tête. Ils ont cloué ses mains et ses pieds à une croix et ils l'ont laissé pour mourir. Jésus est mort sur la croix pour payer le prix de nos péchés. Alors qu'il mourrait il a crié, **"Quand Jésus eut pris le vinaigre, il dit: Tout est accompli. Et, baissant la tête, il rendit l'esprit." (Jean 19:30).** Ceci veut dire qu'il a tout complété pour votre salut. Quelques uns de ses disciples ont descendu Jésus de la croix et l'ont placé dans un tombeau.

Mais Jésus n'est pas resté dans ce tombeau. Après trois jours, Jésus est ressuscité d'entre les morts! **"Christ aussi a souffert une fois pour les péchés, lui juste pour des injustes, afin de nous amener à Dieu, ayant été mis à mort quant à la chair, mais ayant été rendu vivant quant à l'Esprit," (1 Pierre 3:18).** Jésus est revenu à la vie et il est encore vivant aujourd'hui. Il est monté au ciel et il est assis à la droite de son Père **(Ephésiens 1:20).** A L'instant même, il te regarde et il attend que tu sois sauvé de ton péché.

Chapitre 4

Tu peux être Sauvé

"Car quiconque invoquera le nom du Seigneur sera sauvé." (Romains 10:13). Aucun humain n'est parfait. Chaque personne a besoin d'être sauvé du péché. La Bible dit, "Car le salaire du péché, c'est la mort; mais le don gratuit de Dieu, c'est la vie éternelle en Jésus Christ notre Seigneur." (Romains 6:23). Dieu nous a donné un chemin au salut lorsqu'il nous a envoyé Son Fils mourir pour nous. "Car le salaire du péché, c'est la mort; mais le don gratuit de Dieu, c'est la vie éternelle en Jésus Christ notre Seigneur." (Jean 3:16).

Dieu est saint et aucun péché ne peut apparaître dans Sa présence. Avant de pouvoir rentrer dans son royaume, nous devons être lavés de tout péché. Jésus a dit, "Je vous le dis en vérité, si vous ne vous convertissez et si vous ne devenez comme les petits enfants, vous n'entrerez pas dans le royaume des cieux." (Matthieu 18:3). Nous devons nous détourné d'une vie de péché et vivre pour Dieu. Pareil à des enfants pleins de confiance, nous devons avoir confiance, nous devons avoir une confiance d'enfant en Dieu. Il nous a démontré Son amour pour nous en sous envoyant Jésus même si nous ne méritions pas d'être sauvés. "Mais Dieu prouve son amour envers nous, en ce que, lorsque nous étions encore des pécheurs, Christ est mort pour nous." (Romains 5:8).

Jésus est le seul chemin qui mène à Dieu. La Bible dit, **"Car il y a un seul Dieu, et aussi un seul médiateur entre Dieu et les hommes, Jésus Christ homme, qui s'est donné lui-même en rançon pour tous. C'est là le témoignage rendu en son propre temps,"** (1 Timothée 2:5-6). Il n'y a aucun effort humain qui peut nous sauver. Il est impossible de gagner notre salut. C'est seulement à travers notre foi en Jésus Christ et par la grâce de Dieu que nous sommes sauvés. **"Car c'est par la grâce que vous êtes sauvés, par le moyen de la foi. Et cela ne vient pas de vous, c'est le don de Dieu. Ce n'est point par les œuvres, afin que personne ne se glorifie."** (Éphésiens 2:8-9). Le salut est un cadeau de Dieu. Lorsque tu reçois un cadeau, tu n'as pas à le payer ou mendier pour celui-ci, tu le reçois simplement.

Quiconque accepte Jésus comme Seigneur sera sauvé. Jésus a dis, **"Je suis la porte. Si quelqu'un entre par moi, il sera sauvé; il entrera et il sortira, et il trouvera des pâturages."** (Jean 10:9). Jésus a dit, **"Voici, je me tiens à la porte, et je frappe. Si quelqu'un entend ma voix et ouvre la porte, j'entrerai chez lui, je souperai avec lui, et lui avec moi."** (Apocalypse 3:20). Tu peux avoir une relation avec Dieu simplement en ouvrant la porte de ton cœur à Jésus. A l'instant même que tu réponds à son appel tu seras sauvé du péché.

Être " né de nouveau " est synonyme d'être " sauver". Un des dirigeants religieux Juif nommé Nicodème est venu à Jésus une nuit. Jésus lui dit, **"Jésus lui répondit: En vérité, en vérité, je te le dis, si un homme ne naît de nouveau, il ne peut voir le royaume de Dieu."** (Jean 3:3). Nicodème était confus et a demandé, " Comment est-ce qu'un homme peut il naître à nouveau? Doit-il rentrer à nouveau dans le sein de sa mère? " Jésus a expliqué que c'est l'esprit d'un homme qui doit naître a nouveau. Nos esprits sont morts à cause du péché, mais à travers Christ nos esprits peuvent reprendre la vie.

Ça prend un miracle pour transformer quelque chose et en faire quelque chose de nouveau. Si une voiture est brisée, un mécanicien peut la réparer, ou s'il y a une déchirure dans un vêtement, une couturière peut la réparer mais seulement Dieu peut rapiécer un humain brisé. Tu peux avoir un nouveau départ avec Dieu.

Lorsque tu es né à nouveau, tu deviens une nouvelle créature, **"Si quelqu'un est en Christ, il est une nouvelle créature. Les choses anciennes sont passées; voici, toutes choses sont devenues nouvelles.** " (2 Corinthiens 5:17).** Tous les péchés laids de ton passé sont lavés et tu deviens propre dans les yeux de Dieu. Tu deviens un enfant de Dieu, **"Mais à tous ceux qui l'ont reçue, à ceux qui croient en son nom, elle a donné le pouvoir de devenir enfants de Dieu, lesquels sont nés,"** (Jean 1:12).

C'est la foi dans la parole de Dieu qui nous garantie notre salut. **"Ayant purifié vos âmes en obéissant à la vérité pour avoir un amour fraternel sincère, aimez-vous ardemment les uns les autres, de tout votre cœur,"** (1 Pierre 1:23). C'est notre foi dans les promesses de Dieu qui nous donne la victoire sur les péchés du monde. **"Quiconque croit que Jésus est le Christ, est né de Dieu, et quiconque aime celui qui l'a engendré aime aussi celui qui est né de lui. Nous connaissons que nous aimons les enfants de Dieu, lorsque nous aimons Dieu, et que nous pratiquons ses commandements. Car l'amour de Dieu consiste à garder ses commandements. Et ses commandements ne sont pas pénibles, parce que** tout ce qui est né de Dieu triomphe du monde; et la victoire qui triomphe du monde, c'est notre foi." (1 Jean 5:1-4).

Tu peux avoir l'assurance de ton salut. **"Et voici ce témoignage, c'est que Dieu nous a donné la vie éternelle, et que cette vie est dans son Fils. Celui qui a le Fils a la vie; celui qui n'a pas le Fils de Dieu n'a pas la vie.je vous ai écrit ces choses, afin que vous sachiez que vous avez la vie éternelle, vous qui croyez au nom du Fils de Dieu."** (1 Jean 5:11-13). Tu peux savoir sans l'ombre d'un doute que tu es sauvé si tu rencontres les conditions du salut donné dans la Parole de Dieu. **"Celui qui vous a appelés est fidèle, et c'est lui qui le fera."** (1 Thessaloniciens 5:24). Tu dois placer ta croyance sur la Parole de Dieu, pas sur les émotions, les circonstances, la présence à l'église, ou des moraux élevés.

La Bible promet, **"Si nous confessons nos péchés, il est fidèle et juste pour nous les pardonner, et pour nous purifier de toute iniquité."** (1 Jean 1:9). Pour être sauvé, tout ce que tu as à faire est de confesser tes péchés à Dieu et de confesser que Jésus est Seigneur. Tu dois aussi croire dans ton cœur que Dieu l'a ressuscité d'entre les morts. **"Si tu confesses de ta bouche le Seigneur Jésus, et si tu crois dans ton cœur que Dieu l'a ressuscité des morts, tu seras sauvé. Car c'est en croyant du cœur qu'on parvient à la justice, et c'est en confessant de la bouche qu'on parvient au salut, selon ce que dit l'Écriture:"** (Romains 10:9-10). Si tu fais ceci, tu seras sauvé.

Si tu veux être sauvée, prie cette prière avec moi.

"Cher Père Céleste, je viens vers toi au nom de Jésus. Je veux vivre avec toi dans ton royaume. Je demande pardon pour tous mes pé-

chés. Je crois que Jésus est mort sur la croix pour payer le prix pour mes péchés. Je crois que Jésus est ressuscité d'entre les morts et aujourd'hui je l'invite à être le Seigneur et le Sauveur de ma vie. Merci de faire de moi un enfant de Dieu. Amen."

Félicitations! Christ vis maintenant en toi **(Colossiens 1:27).** Jésus marchera à côté de toi dorénavant. **"Ne vous livrez pas à l'amour de l'argent; contentez-vous de ce que vous avez; car Dieu lui-même a dit: Je ne te délaisserai point, et je ne t'abandonnerai point." (Hébreux 13:5).** Lorsque tu expérimenteras des difficultés, Jésus seras là pour t'aider.

Maintenant que tu es un Chrétien (disciple de Christ) tu demeureras à jamais dans le royaume de Dieu. Dieu **"qui nous a délivrés de la puissance des ténèbres et nous a transportés dans le royaume du Fils de son amour, en qui nous avons la rédemption, la rémission des péchés." (Colossiens 1:13-14).**

A L'instant même, Jésus est en train de préparer une place de roi au ciel uniquement pour toi! **"Il y a plusieurs demeures dans la maison de mon Père. Si cela n'était pas, je vous l'aurais dit. Je vais vous préparer une place. Et, lorsque je m'en serai allé, et que je vous aurai préparé une place, je reviendrai, et je vous prendrai avec moi, afin que là où je suis vous y soyez aussi."** (Jean 14:2-3).

Chapitre 5

Tu peux être Guéri

Un des bienfaits de vivre dans le royaume de Dieu est la guérison surnaturelle. Dieu ne désire pas que tu sois malade. Tu peux vivre dans la santé divine. Dieu a promis, **"Il dit: Si tu écoutes attentivement la voix de l'Éternel, ton Dieu, si tu fais ce qui est droit à ses yeux, si tu prêtes l'oreille à ses commandements, et si tu observes toutes ses lois, je ne te frapperai d'aucune des maladies dont j'ai frappé les Égyptiens; car je suis l'Éternel, qui te guérit."** (Exode 15:26). Il est Dieu, **"C'est lui qui pardonne toutes tes iniquités, Qui guérit toutes tes maladies;"** (Psaume 103:3). Sa Parole dit, **"Bien-aimé, je souhaite que tu prospères à tous égards et sois en bonne santé, comme prospère l'état de ton âme."** (3 Jean 1:2).

Une fois que nous sommes sauvés, nous sommes libérés du péché et de tous les effets maléfiques du péché. La maladie est le résultat du péché d'Adam et Eve dans le jardin. Mais, Jésus est mort sur la croix pour détruire complètement toutes les œuvres du péché. Comme le prophète Ésaïe a prophétisé, **"Cependant, ce sont nos souffrances qu'il a portées, C'est de nos douleurs qu'il s'est chargé; Et nous l'avons considéré comme puni, Frappé de Dieu, et humilié. Mais il était blessé pour nos péchés, Brisé pour nos iniquités; Le châtiment qui nous donne la paix est tombé sur lui, Et c'est par ses meurtrissures que nous sommes guéris. Nous** étions tous errants comme des brebis, Chacun suivait sa propre voie; Et l'Éternel a fait retomber sur lui l'iniquité de nous tous." (Ésaïe 53:4-6).

La guérison fait partie de l'œuvre que Jésus a accomplie sur la croix. Jésus a été battu au fouet, par les meurtrissures qu'Il a prises sur son dos nous sommes guéris. **"lui qui a porté lui-même nos péchés en son corps sur le bois, afin que morts aux péchés nous vivions pour la justice; lui par les meurtrissures duquel vous avez été guéris."** **(1 Pierre 2:24).** Jésus a porté notre douleur, pour que nous ne la portions pas. Jésus a déjà tout fait le nécessaire pour ta guérison, tout ce que tu as à faire c'est de l'accepter.

Lorsque Jésus a marché sur la terre, il a guéri beaucoup de personnes malades. **"Le soir, on amena auprès de Jésus plusieurs démoniaques. Il chassa les esprits par sa parole, et il guérit tous les malades, afin que s'accomplît ce qui avait été annoncé par Ésaïe, le prophète: Il a pris nos infirmités, et il s'est chargé de nos maladies." (Matthieu 8:16-17).**

Un jour un dirigeant religieux nommé Jarius c'est prosterné à ses pieds et lui a supplié de venir à sa maison lui disant, " Ma petite fille est mourant. S'il vous plaît venez et placer vos mains sur elle pour qu'elle soit guéris et qu'elle vit. " Jarius aimait beaucoup sa petite fille et il avait la foi que Jésus pouvait la guérir.

Lorsque Jésus commença à marcher vers la maison à Jarius, une grande foule se pressait autour de lui. Il y avait une femme dans la foule qui saignait depuis douze ans. Elle était une femme désespérer car elle avait dépensé tout son argent sur les médecins, mais aucun d'entre eux n'ont pu la guérir. Son dernier espoir était en Jésus.

Elle se dit à soi-même, " Si je peux seulement toucher le bord de son vêtement, je serais guéris."Elle s'est fait un chemin parmi la foule jusqu'à ce qu'elle soit à côté de Jésus, a étendu sa main et l'a touché. Immédiatement son saignement est arrêté et elle a été complètement guérit!

Jésus a senti que la puissance de guérison avait quitté son corps et il s'est arrêté et a demandé, " Qui m'a touché? " Ses disciples ont pensé que cette question était bizarre car il y avait une grande foule et plusieurs personnes touchaient Jésus. Mais Jésus a demandé la question car quelqu'un l'a touché avec foi. La femme qui a été guérit s'est avancé et a confessé ce qu'elle avait fait. Jésus lui a dit, "Fille, ta foi ta guéris. Va en paix et sois libérer de ta souffrance."

En ce temps, des hommes arrivèrent de la maison de Jarius et lui dirent, "Votre fille est morte. Jésus ne peut rien faire pour elle maintenant." Jésus a entendu ce qu'ils ont dis et il a dit à Jarius, " N'aie pas peur, mais crois seulement".

Lorsque Jésus est arrivé à la maison de Jarius, il a demandé pourquoi tout le monde pleurait. Il leurs a dit, "L'enfant n'est pas morte, mais elle dort", mais ils ont ris de lui car ils savaient que la fille étaient déjà morte. Jésus a dit à tout le monde de quitter. Il a pris la mère et le père avec lui dans sa chambre. Il a prit la fille par la main et a commandé, "Petite fille, je te dis, lève-toi!" Immédiatement, la fille de douze ans c'est levé et a marcher. Tout le monde était émerveillé du pouvoir miraculeux de Jésus.

"Jésus Christ est le même hier, aujourd'hui, et éternellement." (Hébreux 13:8). Si Jésus guérissait les personnes il y a deux milles ans de cela, il te guérira aujourd'hui. Comme la femme avec un problème de sang a étiré sa main pour toucher Jésus avec sa foi, tu à besoin d'étirer ta foi au Sauveur Guérisseur.

Tu peux être guéri en demandant à un de tes dirigeants d'église à prier pour toi. **"Quelqu'un parmi vous est-il malade? Qu'il appelle les anciens de l'Église, et que les anciens prient pour lui, en l'oignant d'huile au nom du Seigneur; la prière de la foi sauvera le malade, et le Seigneur le relèvera; et s'il a commis des péchés, il lui sera pardonné. Confessez donc vos péchés les uns aux autres, et priez les uns pour les autres, afin que vous soyez guéris. La prière fervente du juste a une grande efficace."** (Jacques 5:14-16).

Chapitre 6

Tu peux avoir la Foi en Dieu

La foi est la monnaie du royaume de Dieu. **"Jésus prit la parole, et leur dit: Ayez foi en Dieu. Je vous le dis en vérité, si quelqu'un dit à cette montagne: Ôte-toi de là et jette-toi dans la mer, et s'il ne doute point en son cœur, mais croit que ce qu'il dit arrive, il le verra s'accomplir. C'est pourquoi je vous dis: Tout ce que vous demanderez en priant, croyez que vous l'avez reçu, et vous le verrez s'accomplir."** (Marc 11:22-24). D'après ce verset, tu peux avoir tout ce que tu demandes en prière si tu as la foi.

Qu'est ce que la foi? La foi c'est de faire confiance à Dieu lorsqu'il n'y a personne d'autre en qui avoir confiance. La foi c'est de se fier à Dieu au milieu des difficultés. La foi c'est d'avoir confiance dans les promesses de Dieu. La foi vois l'invisible et crois en l'impossible. La foi est une conviction que peu importe l'apparence des circonstances, Dieu accomplira Sa Parole. La foi c'est de savoir sans l'ombre d'un doute que Dieu s'occupera de toi. La foi c'est de croire en Dieu plus que tu crois en tes problèmes.

"Car nous marchons par la foi et non par la vue," (2 **Corinthiens 5:7**). Tout dernièrement, j'ai acheté un billet d'avion. Lorsque j'ai acheté le billet, je n'ai pas exigé de voir l'avion dans lequel je voyagerais. J'avais la foi que l'avion serait à l'aéroport lorsque le temps d'effectuer le voyage arriverait. Le billet représentait la promesse de la compagnie aérienne. La foi est comme ce billet, c'est la substance qui garantie que les promesses de Dieu se réaliseront.

Nous devrions **"car nous marchons par la foi et non par la vue,"** (2 Corinthiens 5:7). La foi est semblable aux titres d'une propriété que tu n'as jamais vue. Une fois que les titres t'appartiennent, la propriété t'appartient aussi. Tu peux dire avec assurance, " Je suis le propriétaire de ce terrain " même si tu ne l'as jamais vu.

D'où vient la foi? Jésus est **"ayant les regards sur Jésus, le chef et le consommateur de la foi, qui, en vue de la joie qui lui était réservée, a souffert la croix, méprisé l'ignominie, et s'est assis à la droite du trône de Dieu." de notre foi (Hébreux 12:2).** Jésus est la source de notre foi, et il est le garant de notre foi. L'Apôtre Paul a écrit, **" Ainsi la foi vient de ce qu'on entend, et ce qu'on entend vient de la parole de Christ." (Romains 10:17).** La foi est allumé lorsque nous entendons la Parole de Dieu. Dieu a déjà donné une mesure de foi à chaque personne **(Romains 12:3)**, mais plus que nous entendons la Parole de Dieu, plus notre foi grandis.

Nous avons absolument besoin de la foi. A plusieurs reprises, la Bible met l'emphase sur ce point avec ce simple verset, **" Le juste vivras par la foi " (Habacuc 2:4; Romains 1:17; Galates 3:11; Hébreux 10:38).** Ceux qui sont en règle avec Dieu doivent vivre par la foi. Tu règneras au ciel ou tu pourriras en enfer basé sur ton niveau de foi en Dieu. Car, **"Or, sans la foi, il est impossible de lui être agréable. Car celui qui s'approche de Dieu doit croire qu'il existe et qu'il récompense ceux qui le cherchent." (Hébreux 11:6).**

Dieu réagis toujours à la foi. Dieu ne respect pas la personne. Il respect la foi. **(Matthieu 8:5-13).** Le serviteur de l'homme fût guéri à l'heure même. De la même façon que Jésus a réagis à la foi de cet homme désespérer, la puissance de Dieu te rencontrera à ton point de foi. Dieu déplacera le ciel et la terre à cause de ta foi.

Si tu ne travail pas ta foi, ta foi ne travailleras pas. La foi est comme un muscle, plus ont l'utilise, plus elle grandit. La foi n'est pas la foi jusqu'à ce que tu prennes action. **"Il en est ainsi de la foi: si elle n'a pas les œuvres, elle est morte en elle-même."** (Jacques 2:17). La foi sans les œuvres est morte. De ce fait, la foi sans les œuvres ne peut même pas être appelée la foi. Lorsque les quatre hommes ont descendus leur ami par le toit, Luc dit que Jésus **"a vu leur foi"**. En d'autres mots, il a vu une action physique qui démontrait leur foi. Ils ont agi selon leur foi, et Jésus fût attentif **(Luc 5:17-26).**

Il est vital d'agir selon ta foi. Tu peux mettre une action à ta foi en bougeant ton corps d'une façon que tu ne pouvais pas le bouger avant. Si tu as un bras paralysé, essais de le bouger. Si tu ne pouvais marcher, lève-toi et commence à marcher. Si tu as une tumeur sur ton corps, mets ta main sur la tumeur et commence à prier. Agis sur ta foi maintenant en t'étirant vers Jésus.

Chapitre 7

Tu peux être Rempli du Saint-esprit

Le Saint-esprit est le troisième membre de ce que les théologiens appellent la " Trinité " qui est composé de Dieu le Père, Dieu le Fils (Jésus-Christ), et Dieu le Saint-esprit. Ils sont trois personnes distinctes, mais ils sont toujours un Dieu. L'Esprit as été un membre vital de la Trinité depuis avant la création. **"Or, la terre était alors informe et vide. Les ténèbres couvraient l'abîme, et l'Esprit de Dieu planait au-dessus des eaux." (Genèse 1:2).** Présentement, l'interaction primaire de Dieu avec les humains sur terre est se fait à travers le Saint-esprit.

Jésus était sur terre pour une saison de trente-trois ans, mais une fois qu'il est retourné au ciel, le Saint-esprit est devenu le représentant de Dieu parmi les hommes. Jean le Baptiste a prophétisé la venu de l'Esprit lorsqu'il a dis, **"Moi, je vous baptise dans l'eau, en signe de votre changement de vie. Mais quelqu'un vient après moi: il est bien plus puissant que moi et je ne suis même pas digne de lui enlever les sandales. C'est lui qui vous baptisera dans le Saint-Esprit et le feu." (Matthieu 3:11).**

Jésus a promis à ses disciples qu'il enverrait le Saint-esprit pour être avec eux. **"Et moi, je demanderai au Père de vous donner un autre Défenseur de sa cause, afin qu'il reste pour tou-**

jours avec vous: c'est l'Esprit de vérité, celui que le monde est incapable de recevoir parce qu'il ne le voit pas et ne le connaît pas. Quant à vous, vous le connaissez, car il demeure auprès de vous, et il sera en vous." (Jean 14:16-17).

Comme vous pouvez voir en lisant ce verset, que l'Esprit vis avec nous et en nous.

L'Esprit est la source d'eau vive pour tous ceux qui ont spirituellement soif. Jésus a dis, **"Le dernier jour de la fête, le jour le plus solennel, Jésus se tint devant la foule et lança à pleine voix: Si quelqu'un a soif, qu'il vienne à moi, et que celui qui croit en moi boive. Car, comme le dit l'Écriture, des fleuves d'eau vive jailliront de lui. En disant cela, il faisait allusion à l'Esprit que devaient recevoir plus tard ceux qui croiraient en lui. En effet, à ce moment-là, l'Esprit n'avait pas encore été donné parce que Jésus n'était pas encore entré dans sa gloire."** (Jean 7:37-39).

Après que Jésus fût ressuscité d'entre les morts, il a ordonné à ses disciples d'attendre à Jérusalem jusqu'à l'arrivé de l'Esprit. **"Quant à moi, j'enverrai bientôt sur vous ce que mon Père vous a promis. Vous donc, restez ici dans cette ville, jusqu'à ce que vous soyez revêtus de la puissance d'en haut."** (Luc 24:49).

Cent vingt disciples se sont réunis ensemble dans une chambre haute pour prier pour l'arriver de l'Esprit. **"Quand le jour de la Pentecôte arriva, les disciples étaient tous rassemblés au même endroit. Tout à coup, un grand bruit survint du ciel: c'était comme si un violent coup de vent s'abattait sur eux et remplissait toute la maison où ils se trouvaient assis. Au même moment, ils virent apparaître des sortes de langues qui ressemblaient à des flammèches. Elles se séparèrent et allèrent se poser sur la** tête de chacun d'eux. **Aussitôt, ils furent tous remplis du Saint-Esprit et commencèrent à parler dans différentes langues, chacun s'exprimant comme le Saint-Esprit lui donnait de le faire."** (Actes 2:1-4).

Ce puissant déversement de l'Esprit a accomplie la prophétie de Joël. **"Après cela, je répandrai mon esprit sur toute chair; vos fils et vos filles prophétiseront, vos vieillards auront des songes, et vos jeunes gens des visions. Même sur les serviteurs et sur les servantes, dans ces jours-là, je répandrai mon esprit."** (Joël **2:28-29).** Le cadeau de l'Esprit était pour toute chaire. Les vieux et les jeunes, les hommes et les femmes, les pères et les fils ont tous été remplis de l'esprit ce jour là.

Immédiatement, Pierre a commencé à prêcher et au-dessus de 3, 000 personnes ont été sauvées ce jour là **(Actes 2:41).** L'Esprit a travaillé si puissamment dans l'église que bientôt une autre 5, 000 âme ont été sauvé **(Actes 4:4).** Par la suite, des saints ont été rajoutés à tous les jours **(Actes 2:47).**

Que fait le Saint-esprit?

Le Saint-esprit est notre consolateur, notre aide dans les moments difficiles, notre professeur, notre avocat avec le Père, notre conseiller, et notre ami. Il y a des tâches additionnelles que l'Esprit effectue pour nous.

1. Personne ne peut être sauvé si ce n'est par le travail de l'Esprit. **"C'est pourquoi je vous déclare que nul, s'il parle par l'Esprit de Dieu, ne dit: Jésus est anathème! Et que nul ne peut dire: Jésus est le Seigneur! Si ce n'est par le Saint Esprit."** (1 Corinthiens 12:3). C'est par le travail de l'Esprit dans nos vies que nous

sommes sauvés. **"Il nous a sauvés, non à cause des œuvres de justice que nous aurions faites, mais selon sa miséricorde, par le baptême de la régénération et le renouvellement du Saint Esprit," (Tite 3:5).** C'est l'Esprit qui nous donne l'assurance de notre salut. **"L'Esprit lui-même rend témoignage à notre esprit que nous sommes enfants de Dieu." (Romains 8:16).**

2. L'Esprit nous donne l'audace de témoigner de Dieu à d'autres. **"Mais vous recevrez une puissance, le Saint Esprit survenant sur vous, et vous serez mes témoins à Jérusalem, dans toute la Judée, dans la Samarie, et jusqu'aux extrémités de la terre." (Actes 1:8).**

3. L'Esprit témoigne à nos cœurs qui est Jésus. **"Quand sera venu le consolateur, que je vous enverrai de la part du Père, l'Esprit de vérité, qui vient du Père, il rendra témoignage de moi" (Jean 15:26).**

4. L'Esprit guide chaque croyant dans toute vérité. Notre premier standard pour la vérité est la Parole de Dieu, mais c'est l'Esprit qui dévoile la vérité de la Parole de Dieu à nos cœurs. C'est l'Esprit qui nous guide aux écritures qui parlent à nos besoins courants. **"Quand le consolateur sera venu, l'Esprit de vérité, il vous conduira dans toute la vérité; car il ne parlera pas de lui-même, mais il dira tout ce qu'il aura entendu, et il vous annoncera les choses à venir. Il me glorifiera, parce qu'il prendra de ce qui est à moi, et vous l'annoncera." (Jean 16:13-14).**

5. C'est l'Esprit qui donne les dons surnaturels. **"Or, à chacun la manifestation de l'Esprit est donnée pour l'utilité commune. En effet, à l'un est donnée par l'Esprit une parole de sagesse; à un autre, une parole de connaissance, selon le même Esprit: à un**

autre, la foi, par le même Esprit; à un autre, le don des guérisons, par le même Esprit; à un autre, le don d'opérer des miracles; à un autre, la prophétie; à un autre, le discernement des esprits; à un autre, la diversité des langues; à un autre, l'interprétation des langues. Un seul et même Esprit opère toutes ces choses, les distribuant à chacun en particulier comme il veut." (1 Corinthiens 12:7-11).

L'Esprit donne une variété de dons pour l'édification des saints. Bien sûre, une personne ne peut opérer dans tous les dons. L'Esprit permet que les dons soient manifestés selon les besoins du corps de Christ. **"ainsi, nous qui sommes plusieurs, nous formons un seul corps en Christ, et nous sommes tous membres les uns des autres. Puisque nous avons des dons différents, selon la grâce qui nous a été accordée, que celui qui a le don de prophétie l'exerce selon l'analogie de la foi; que celui qui est appelé au ministère s'attache à son ministère; que celui qui enseigne s'attache à son enseignement, et celui qui exhorte à l'exhortation. Que celui qui donne le fasse avec libéralité; que celui qui préside le fasse avec zèle; que celui qui pratique la miséricorde le fasse avec joie."** (**Romains 12:5-8**). Il est important que chaque membre du corps soit voulant d'être utilisé et en même temps de céder au temps de l'Esprit. **"Les esprits des prophètes sont soumis aux prophètes;"** (1 Corinthiens 14:32). Rappelez-vous, tout dans l'église devrais être fait **"avec bienséance et avec ordre "** (1 Corinthiens 14:40).

Soyez remplis avec le Saint-esprit.

C'est la volonté de Dieu pour tous les croyants (incluant vous) d'être remplis avec le Saint-esprit. **"C'est pourquoi ne soyez pas inconsidérés, mais comprenez quelle est la volonté du Sei-**

gneur. Ne vous enivrez pas de vin: c'est de la débauche. Soyez, au contraire, remplis de l'Esprit;" (Éphésiens 5:17-18). Ceci veut dire que c'est la volonté de Dieu pour toi d'être remplis avec l'Esprit.

Tu peux demander avec une pleine confiance à Dieu de te remplir avec le Saint-esprit. Sachez que c'est Sa volonté pour toi d'avoir le don de l'Esprit. **"Nous avons auprès de lui cette assurance, que si nous demandons quelque chose selon sa volonté, il nous écoute. Et si nous savons qu'il nous écoute, quelque chose que nous demandions, nous savons que nous possédons la chose que nous lui avons demandée."** (1 Jean 5:14-15).

Tu n'as pas à supplier pour le Saint-esprit, mais tu a besoin de demander spécifiquement. **"Et moi, je vous dis: Demandez, et l'on vous donnera; cherchez, et vous trouverez; frappez, et l'on vous ouvrira. Car quiconque demande reçoit, celui qui cherche trouve, et l'on ouvre à celui qui frappe. Quel est parmi vous le père qui donnera une pierre à son fils, s'il lui demande du pain? Ou, s'il demande un poisson, lui donnera-t-il un serpent au lieu d'un poisson? Ou, s'il demande un œuf, lui donnera-t-il un scorpion? Si donc, méchants comme vous l'êtes, vous savez donner de bonnes choses à vos enfants, à combien plus forte raison le Père céleste donnera-t-il le Saint Esprit à ceux qui le lui demandent."** (Luc 11:9-13). Le Saint-esprit est un gentilhomme, il ne se forcera pas sur toi, Il entrera dans ta vie que lorsque tu y inviteras.

Comment peux-tu savoir si quelqu'un est rempli de l'Esprit de Dieu? Jésus a dit, **"C'est donc à leurs fruits que vous les reconnaîtrez."** (Matthieu 7:20). Quels sont les fruits de l'Esprits? **"Mais le fruit de l'Esprit, c'est l'amour, la joie, la paix, la patience, la** bonté, la bénignité, la fidélité, la douceur, la tempérance; la loi n'est pas contre ces choses." (Galates 5:22-23). Je crois que lorsque vous trouvez un croyant qui manifeste ces fruits dans sa vie, vous avez trouvez quelqu'un qui est remplie de l'Esprit de Dieu.

Tu peux prier dans un langage spirituel.

L'Esprit prie continuellement à Dieu pour toi dans un langage qui n'est compris que par Dieu. Tu peux prier dans cette nouvelle langue en ouvrant ta bouche et en permettant à l'Esprit de parler en utilisant tes cordes vocales. Jésus a promis **"Voici les miracles qui accompagneront ceux qui auront cru: en mon nom, ils chasseront les démons; ils parleront de nouvelles langues;"** (Marc **16:17**).

Esaïe a prophétisé que cette nouvelle langue apporterait un rafraîchissement à des croyants fatigués. **"Hé bien! C'est par des hommes aux lèvres balbutiantes Et au langage barbare Que l'Éternel parlera à ce peuple. Il lui disait: Voici le repos, Laissez reposer celui qui est fatigué; Voici le lieu du repos! Mais ils n'ont point voulu écouter."** (Ésaïe 28:11-12). Cette nouvelle langue est **"mais celui qui boira de l'eau que je lui donnerai n'aura jamais soif, et l'eau que je lui donnerai deviendra en lui une source d'eau qui jaillira jusque dans la vie éternelle."** (Jean 4:14).

Le jour de la Pentecôte, cent vingt disciples ont commencés à parler avec d'autres langues lorsqu'ils ont été remplis avec le Saint-esprit (**Actes 2:4**). Corneil et sa maison toute entière ont parlé en langues lorsque le Saint-esprit est venu sur eux (**Actes 10:44-48**). Lorsque Paul a imposé les mains sur les croyants à Ephèse **"Lorsque** Paul leur eut imposé les mains, **"le Saint Esprit vint sur eux, et ils parlaient en langues et prophétisaient."** (Actes 19:6).

Paul a été rempli avec l'esprit lorsqu'Ananias lui a imposé les mains **(Actes 9:17)**. Plus tard, il a écrit à l'église à Corinth **"Lorsque Paul leur eut imposé les mains, le Saint Esprit vint sur eux, et ils parlaient en langues et prophétisaient." (1 Corinthiens 14:18).** Paul a dis que prier dans l'Esprit édifie le croyant **(1 Corinthiens 14:4)**. Paul a spécifiquement commandé à l'église à Corinth **"Ainsi donc, frères, aspirez au don de prophétie, et n'empêchez pas de parler en langues." (1 Corinthiens 14:39)**. L'exercice physique bâtis tes muscles, de la même façon, prier en langues bâties ton esprit. Jude nous a dit, **"Pour vous, bien-aimés, vous édifiant vous-mêmes sur votre très sainte foi, et priant par le Saint Esprit," (Jude 1:20)**.

Chapitre 8

Tu Peux Vivre Abondamment

Dieu a un plan magnifique pour ta vie. Tu n'es pas né par chance ou par accident. Dieu t'avait dans ses pensées avant que le monde n'existe **(Ephésiens 1:4)**. **"Car je connais les projets que j'ai formés sur vous, dit l'Éternel, projets de paix et non de malheur, afin de vous donner un avenir et de l'espérance."** **(Jérémie 29:11)**. Tu ne peux même pas imaginer toutes les bonnes bénédictions que Dieu a en réserve pour ceux qui l'aiment. **"Mais, comme il est écrit, ce sont des choses que l'œil n'a point vues, que l'oreille n'a point entendues, et qui ne sont point montées au cœur de l'homme, des choses que Dieu a préparées pour ceux qui l'aiment." (1 Corinthiens 2:9)**.

Tu n'as pas besoin de vivre dans la craint. Aucune épreuve ou adversité auxquelles tu fais face n'est plus grande que Dieu ou plus forte que Son pouvoir. **"Ne t'ai-je pas donné cet ordre: Fortifie-toi et prends courage? Ne t'effraie point et ne t'épouvante point, car l'Éternel, ton Dieu, est avec toi dans tout ce que tu entreprendras." (Josué 1:9)**. Avoir confiance en Dieu détruira tes peurs, **"Car ce n'est pas un esprit de timidité que Dieu nous a donné, mais un esprit de force, d'amour et de sagesse." (2 Timothée 1:7)**.

Tu n'as pas à t'inquiéter. **"C'est pourquoi je vous dis: Ne vous inquiétez pas pour votre vie de ce que vous mangerez, ni** pour votre corps, de quoi vous serez vêtus. La vie n'est-elle pas plus que la nourriture, et le corps plus que le vêtement?...Cherchez premièrement le royaume et la justice de Dieu; et toutes ces choses vous seront données par-dessus." (Matthieu 6:25;33). A mesure que tu fais confiance à ton Père céleste affectueux, Il pourvoira à tes besoins physiques.

Tu peux vivre une vie victorieuse sur le péché, la maladie, la pauvreté, et tout œuvre maléfique de Satan. "parce que tout ce qui est né de Dieu triomphe du monde; et la victoire qui triomphe du monde, c'est notre foi. Qui est celui qui a triomphé du monde, sinon celui qui croit que Jésus est le Fils de Dieu?" (1 Jean 5:4-5). La victoire accomplie par Jésus sur la croix appartient à tous les croyants. La victoire sur les circonstances de la vie est le cadeau que Dieu t'offre. "Mais grâces soient rendues à Dieu, qui nous donne la victoire par notre Seigneur Jésus Christ!" (1 Corinthiens 15:57).

Tu es créé pour être plus que vainqueur sur les problèmes, les obstacles, et les ennemies. "Mais dans toutes ces choses nous sommes plus que vainqueurs par celui qui nous a aimés." (Romains 8:37).

Ce n'est pas par ta force ou ton habilité que tu surmontes mais par la puissance de Jésus-Christ en dedans de toi. L'Apôtre Paul a dit, "Je puis tout par celui qui me fortifie." (Philipiens 4:13). Le Royaume de Dieu qui est en dedans de toi est beaucoup plus puissant que le royaume des ténèbres qui t'entoure. "Vous, petits enfants, vous êtes de Dieu, et vous les avez vaincus, parce que celui qui est en vous est plus grand que celui qui est dans le monde." (1 Jean 4:4).

Dieu Tas donné des armes puissantes pour ton combat contre Satan. **"C'est pourquoi, prenez toutes les armes de Dieu, afin de pouvoir résister dans le mauvais jour, et tenir ferme après avoir tout surmonté. Tenez donc ferme: ayez à vos reins la vérité pour ceinture; revêtez la cuirasse de la justice; mettez pour chaussure à vos pieds le zèle que donne l'Évangile de paix; prenez par-dessus tout cela le bouclier de la foi, avec lequel vous pourrez éteindre tous les traits enflammés du malin; prenez aussi le casque du salut, et l'épée de l'Esprit, qui est la parole de Dieu. Faites en tout temps par l'Esprit toutes sortes de prières et de supplications. Veillez à cela avec une entière persévérance, et priez pour tous les saints."** (Éphésiens 6:13-18).

Ces armes te donnent l'habilité de te défendre contre tous les plans du méchant. **"Car les armes avec lesquelles nous combattons ne sont pas charnelles; mais elles sont puissantes, par la vertu de Dieu, pour renverser des forteresses. Nous renversons les raisonnements et toute hauteur qui s'élève contre la connaissance de Dieu, et nous amenons toute pensée captive à l'obéissance de Christ."** (2 Corinthiens 10:4-5).

Jésus est venu pour que tu puisses vivre une vie abondante. **"Le voleur ne vient que pour dérober, égorger et détruire; moi, je suis venu afin que les brebis aient la vie, et qu'elles soient dans l'abondance."** (Jean 10:10). Tu peux vivre une vie abondante spirituellement, mentalement, physiquement, émotionnellement, et financièrement. Dieu veut te bénir à la maison, dans ta vie familiale, dans tes relations, dans ton travail, et à l'école. La volonté de Dieu pour toi est l'abondance totale dans tous les aspects de ta vie. **"Bien-aimé, je souhaite que tu prospères à tous égards et sois en bonne santé, comme prospère l'état de ton âme."** (3 Jean 1:2).

Dieu te donnera librement toute bonne chose. **"Lui, qui n'a point épargné son propre Fils, mais qui l'a livré pour nous tous, comment ne nous donnera-t-il pas aussi toutes choses avec lui?"** (Romains 8:32).

Lorsque tu deviens un membre du royaume de Dieu, toutes les bénédictions du ciel t'appartiennent. Tu peux avoir la paix, la joie, la prospérité, l'espoir, la santé, et l'abondance. **"Béni soit Dieu, le Père de notre Seigneur Jésus Christ, qui nous a bénis de toute sortes de bénédictions spirituelles dans les lieux célestes en Christ!"** (Éphésiens 1:3).

La motivation principale de recevoir de Dieu devrait être pour donner aux autres. Dieu veut te bénir avec plus que tu as besoin pour que tu puisses bénir ceux autour de toi qui ont des besoins. Dieu te bénis pour que tu puisses être une bénédiction **(Genèse 12 :2)** et pour que tu sois **"pour marcher d'une manière digne du Seigneur et lui être entièrement agréables, portant des fruits en toutes sortes de bonnes œuvres et croissant par la connaissance de Dieu"** (Colossiens 1:10).

Chapitre 9

La Vie Dans le Royaume de Dieu

Maintenant que tu es un chrétien, voici quelques étapes qui vont t'aider à te rapprocher de Dieu et qui vont t'enseigner comment régner dans la vie. Sachez que **"Je suis persuadé que celui qui a commencé en vous cette bonne œuvre la rendra parfaite pour le jour de Jésus Christ." (Philipiens 1:6).**

1. Lis la Bible

La Bible est la Parole de Dieu pour ta vie. Comme ton corps physique à besoin des nutriments des aliments, ta vie spirituelle a besoin d'être nourri par la Parole de Dieu. A travers la Bible, Dieu parle à ton cœur et dévoile Son plan pour ta nouvelle vie. A travers ton étude des Écritures, tu grandiras dans ta marche Chrétienne. **"Toute Écriture est inspirée de Dieu, et utile pour enseigner, pour convaincre, pour corriger, pour instruire dans la justice, afin que l'homme de Dieu soit accompli et propre à toute bonne œuvre" (2 Timothée 3:16-17).**

La Bible est la lettre d'amour de Dieu à toi. Contenu dans ce livre sont les lois de Dieu pour vivre, l'histoire de la relation de Dieu avec les humains, de merveilleux psaumes et proverbes, des avertissements et des encouragements prophétiques, la vie de Jésus, une explication de la doctrine Chrétienne, et un regard au future lorsque Jésus reviendras comme roi. C'est un livre vivant et puissant. **"Car la parole de Dieu est vivante et efficace, plus tranchante qu'une épée quelconque à deux tranchants, pénétrante jusqu'à partager âme et esprit, jointures et moelles; elle juge les sentiments et les pensées du cœur"** (Hébreux 4:12).

La vérité de la Parole de Dieu dure à jamais. **"L'herbe sèche, la fleur tombe; Mais la parole de notre Dieu subsiste éternellement."** (Ésaïe 40:8).

Tu expérimenteras la victoire sur le péché en lisant la Parole de Dieu. **"Comment le jeune homme rendra-t-il pur son sentier? En se dirigeant d'après ta parole. Je te cherche de tout mon cœur: Ne me laisse pas égarer loin de tes commandements! Je serre ta parole dans mon cœur, Afin de ne pas pécher contre toi."** (Psaumes 119:9-11).

Je t'encourage à lire au moins un chapitre de la Bible à tous les jours. La meilleure place ou débuter c'est le livre de Jean. Ce livre t'introduira d'une façon simple mais puissante, à la vie de Jésus.

2. Mémorise les Écritures

Tu trouveras un grand réconfort, de l'encouragement, et de l'aide dans les moments difficiles si tu mémorises quelques versets d'Écriture. La Bible dit, **"Que ce livre de la loi ne s'éloigne point de ta bouche; médite-le jour et nuit, pour agir fidèlement selon tout ce qui y est écrit; car c'est alors que tu auras du succès dans tes entreprises, c'est alors que tu réussiras"** (Josué 1:8).

Voici de très bons versets que tu peux commencer à mémoriser cette semaine.

Jour #1: Jean 3:16 "Car Dieu a tant aimé le monde qu'il a donné son Fils unique, afin que quiconque croit en lui ne périsse point, mais qu'il ait la vie éternelle."

Jour #2: 1 Jean 1:19 "Si nous confessons nos péchés, il est fidèle et juste pour nous les pardonner, et pour nous purifier de toute iniquité."

Jour #3: Jacques 4:7 "Soumettez-vous donc à Dieu, résistez au diable, et il fuira loin de vous."

Jour #4: Actes 1:8 "Mais le Saint-Esprit descendra sur vous: vous recevrez sa puissance et vous serez mes témoins à Jérusalem, dans toute la Judée et la Samarie, et jusqu'au bout du monde."

Jour #5: Jean 14:21 "Celui qui m'aime vraiment, c'est celui qui retient mes commandements et les applique. Mon Père aimera celui qui m'aime; moi aussi, je lui témoignerai mon amour et je me ferai connaître à lui"

Jour #6: 1 Jean 14:21 "Celui qui m'aime vraiment, c'est celui qui retient mes commandements et les applique. Mon Père aimera celui qui m'aime; moi aussi, je lui témoignerai mon amour et je me ferai connaître à lui"

Jour #7: Marc 11:24 "C'est pourquoi je vous le déclare: tout ce que vous demandez dans vos prières, croyez que vous l'avez reçu et cela vous sera accordé." Est ce que tu trouves cela difficile de mémoriser des versets bibliques? Voici quelques conseils qui vont t'aider."

* Dites le verset à voix haute. Selon **Romains 10:17, " la foi viens de ce que l'on entends".** A mesure que tu répètes le verset assez fort pour que tu puisses l'entendre avec tes oreilles, ta foi sera bâtie et il sera plus facile pour toi de t'en rappeler.

* Dites le verset une partie à la fois. Si tu trouves que le verset est trop long à mémoriser, répète une partie à la fois jusqu'à ce que tu aies tout le verset.

* Dites le verset encore et encore. **Josué 1:8** nous dit de méditer sur les Écritures. Le mot " méditer " veut dire " mâcher dessus". Comme une vache qui mâche sa nourriture à répétition, nous devons mâcher mentalement sur la Parole de Dieu. La répétition va ancrer fermement le verset dans ton esprit et cela commencera à changer ta vie.

* Confesse la Parole de Dieu sur ta vie. Ta vie sera élevée ou abaissé par le niveau de ta confession. Les mots que tu dis de ta bouche dévoilent la condition de ton cœur. **"Espèces de vipères! Comment pouvez-vous tenir des propos qui soient bons alors que vous êtes mauvais? Car ce qu'on dit vient de ce qui remplit le cœur. L'homme qui est bon tire de bonnes choses du bon trésor qui est en lui; mais l'homme qui est mauvais tire de mauvaises choses du mauvais trésor qui est en lui. Or, je vous le déclare, au jour du jugement les hommes rendront compte de toute parole sans fondement qu'ils auront prononcée. En effet, c'est en fonction de tes propres paroles que tu seras déclaré juste, ou que tu seras condamné."** (Matthieu 12:34-37). La confession des promesses de Dieu apporte la possession des promesses de Dieu. Les mots que tu dis vont soit t'aider ou te nuire. **"La mort et la vie sont au pouvoir de la langue: vous aurez à vous rassasier des fruits que votre langue aura produits."** (Proverbes 18:21).

3. Prie tous les Jours.

La prière est ta connexion vitale à Dieu. Tu devrais façonner l'habitude de prier à tous les jours. **"...Quand un juste prie, sa prière a une grande efficacité."** (Jacques 5:16). Cette promesse veut dire que Dieu entend tes prières et Il répond à tes prières.

Prier c'est simplement parlé à Dieu à partir de ton cœur. Dis à Dieu ce que tu ressens. Laisse-lui savoir ce que tu traverses. Apporte tes problèmes à Dieu car Il est intéresser à t'aider dans tous les domaines de ta vie. **"Déchargez-vous sur lui de tous vos soucis, car il prend soin de vous."** (1 Pierre 5:7). Remercie-le pour Sa bonté dans ta vie. Dis-lui combien tu l'aimes.

La prière est une conversation à deux côtés. **"Invoque-moi, et je te répondrai; Je t'annoncerai de grandes choses, des choses cachées, Que tu ne connais pas"** (Jérémie 33:3). Après que tu as parlé à Dieu, sois silencieux et écoute-le. Une station de radio diffuse continuellement, mais à moins de synchroniser ta radio à la bonne fréquence tu ne recevras pas le signal. De la même façon, tu trouveras que Dieu est toujours voulant de te parler mais tu dois être synchronisé à ce qu'Il dit. La façon de faire cela c'est dans la prière.

Si tu ne sais pas quoi dire lorsque tu pries, tu peux utiliser " Le Notre Père " comme un exemple. Lorsque les disciples ont demandés à Jésus comment ils devraient prier, Jésus leurs a dit de prier de cette façon, **"Priez donc ainsi: Notre Père, toi qui es dans les cieux, que tu sois reconnu pour Dieu, que ton règne vienne, que ta volonté soit faite, et tout cela, sur la terre comme au ciel. Donne-nous aujourd'hui le pain dont nous avons besoin, pardonne-nous nos torts envers toi comme nous pardonnons nous-mêmes les torts des autres envers nous. Garde-nous de céder à** la tentation, et surtout, délivre-nous du diable. Car à toi appartiennent le règne et la puissance et la gloire à jamais. En effet, si vous pardonnez aux autres leurs fautes, votre Père céleste vous pardonnera aussi. Mais si vous ne pardonnez pas aux hommes, votre Père ne vous pardonnera pas non plus vos fautes. Lorsque vous jeûnez, n'ayez pas, comme les hypocrites, une mine triste. Pour bien montrer à tout le monde qu'ils jeûnent, ils prennent des visages défaits. Vraiment, je vous l'assure: leur récompense, ils l'ont d'ores et déjà reçue!" (Matthieu 6:9-16).

4. Fraternise avec des croyants.

Tu as besoin d'aller à l'église. Il est impossible d'être un chrétien fort en étant seul. La Bible dit, **"Ne prenons pas, comme certains, l'habitude de délaisser nos réunions. Au contraire, encourageons-nous mutuellement, et cela d'autant plus que vous voyez se rapprocher le jour du Seigneur."** (Hébreux 10:25). A mesure que le retour de Jésus approche, il devient encore plus important d'aller à l'église qui est la manifestation visible du royaume de Dieu sur terre.

Tu as besoin du support, de l'encouragement, et de l'entraînement des autres croyants. Ceci veut dire que tu asa besoin de faire part d'une Église. Si tu n'es pas déjà membre d'une église, trouve une église ou la Parole de Dieu est proclamé fidèlement. Cherche un pasteur qui prêche la Bible et qui croit dans la puissance miraculeuse de Dieu. Trouve une église ou les gens sont sauvés et guéris. Va à une église ou tu peux sentir la présence de Dieu lorsque tu rentres dans la bâtisse.

5. Sois baptisé dans l'eau.

Se faire baptisé dans l'eau est une partie importante de la vie chrétienne. Cela symbolise la mort de notre vielle homme et notre résurrection comme une nouvelle création. Jésus à dit à ses disciples, **"Celui qui croira et sera baptisé sera sauvé, mais celui qui ne croira pas sera condamné."** (Marc 16:16). Jésus à commandé à ses disciples de **"allez donc dans le monde entier, faites des disciples parmi tous les peuples, baptisez-les au nom du Père, du Fils et du Saint-Esprit"** (Matthieu 28:19). Jésus a été baptisé dans la rivière Jourdain au début de son ministère **(Matthieu 3:13-17)**.

Le jour de la Pentecôte, Pierre à prononcer un sermon puissant, par le site il a dit au gens qui ont répondu au message, **"Pierre leur répondit: Changez, et que chacun de vous se fasse baptiser au nom de Jésus-Christ, pour que vos péchés vous soient pardonnés. Alors, vous recevrez le don du Saint-Esprit."** (Actes 2:38). Tous ceux qui **"Ceux qui acceptèrent les paroles de Pierre se firent baptiser et, ce jour-là, environ trois mille personnes furent ajoutées au nombre des croyants."** (Actes 2:41).

Pierre a baptisé la maison entière de Corneil après qu'ils aient reçu le Saint-esprit **(Actes 10:44-48)**. Paul a été baptisé après qu'il a été sauvé **(Actes 9:18)**. A travers son ministère, il a continué à baptiser les gens **(Actes 19:1-6; Actes 16:31-33)**.

6. Sois un donneur.

Jésus a dis, **"Donnez, et l'on vous donnera, on versera dans le pan de votre vêtement une bonne mesure bien tassée, secouée et débordante; car on emploiera, à votre égard, la mesure dont vous vous serez servis pour mesurer."** (Luc 6:38). Donner c'est comme planter une semence dans un champ. Lorsqu'un fermier sème du grain, il s'attend à une récolte. Lorsque tu donnes à Dieu, tu devrais t'attendre à recevoir une récolte.

Nous aimons tous recevoir un cadeau d'un ami. Imagine comment Dieu est content lorsque tu lui donnes un cadeau. Jésus a dit, **"Je vous ai montré partout et toujours qu'il faut travailler ainsi pour aider les pauvres. Souvenons-nous de ce que le Seigneur Jésus lui-même a dit: "Il y a plus de bonheur à donner qu'à recevoir." (Actes 20:35).** Il est impossible de donner plus que Dieu, Il te bénira toujours d'une façon excessive.

Sois heureux lorsque tu donnes à Dieu. **"Que chacun donne ce qu'il aura décidé en son cœur, sans regret ni contrainte, car Dieu aime celui qui donne avec joie" (2 Corinthiens 9:7).**

7. Raconte à d'autre au sujet de Jésus.

Jésus à dit à ses disciples, **"Il leur dit: Suivez-moi et je ferai de vous des pêcheurs d'hommes" (Matthieu 4:19).** Chaque Chrétien est appelé à être un ambassadeur de Christ **(2 Corinthiens 5:20).** Il y a beaucoup de personnes dans ton cercle d'influence (voisins, co-ouvriers, membres de famille, et amis) qui ont désespérément besoin d'entendre parler de Dieu. **"Mais comment feront-ils appel à lui s'ils n'ont pas cru en lui? Et comment croiront-ils en lui s'ils ne l'ont pas entendu? Et comment entendront-ils s'il n'y a personne pour le leur annoncer? Et comment y aura-t-il des gens pour l'annoncer s'ils ne sont pas envoyés? Aussi est-il dit dans l'Écriture: Qu'ils sont beaux les pas de ceux qui annoncent de bonnes nouvelles!" (Romains 10:14-15).** Maintenant que tu es un chrétien, Dieu va t'envoyer pour témoigner de Jésus à d'autres.

La meilleure façon d'être un témoin est de vivre une vie qui est différente. Tu démontres ta nouvelle foi par tes actions, tes habitudes, et ton style de vie. Jésus a dit, **"C'est ainsi que votre lumière doit briller devant tous les hommes, pour qu'ils voient le bien que vous faites et qu'ils en attribuent la gloire à votre Père céleste."** (Matthieu 5:16). Au fur et à mesure que les gens te voient vivre pour Dieu, ils vont s'apercevoir comment Christ a changé ta vie et tu pourras partager la bonne nouvelle avec eux.

Témoigner c'est comme un mendiant affamé qui a trouvé du pain qui va dire à d'autres mendiants où ils peuvent trouver le même pain. Dis simplement ce que Dieu a fait pour toi. Si Dieu t'a guéri, partage ce témoignage avec ceux autour de toi. Si Dieu t'a délivré de l'oppression de Satan, raconte ton histoire à quelqu'un. Commence à prier pour des opportunités de partager Christ avec d'autres personnes et tu trouveras plusieurs occasions ou tu peux être un témoin.

Dans **Actes 1:8**, le témoignage commence avec la ville natale du disciple mais cela ne s'arrête pas là. Cela continue avec la nation toute entière, les pays environnants, et ultimement jusqu'au bout du monde. Jésus a commandé à ses disciples, **"Et il leur dit: Allez dans le monde entier, annoncez la Bonne Nouvelle à tous les hommes."** (Marc 16:15).

Notre Objectif?
Chaque âme!

Daniel & Jessica King

KING
MINISTRIES
INTERNATIONAL

A propos de l'auteur

Daniel King et sa femme Jessica se sont rencontrés au milieu de l'Afrique alors qu'ils étaient tous les deux en mission humanitaire. Ils sont très demandés en tant que speakers dans les églises et les conférences à travers le monde. Leur passion, leur énergie et leur enthousiasme sont appréciés par le public.

Ils sont évangélistes missionnaires internationaux qui font d'énormes festivals pour gagner des âmes dans les pays à travers le monde. Leur passion pour les perdus leur a valu plus de soixante pays dans lesquelles ils sont prêchés l'Évangile aux foules qui dépassent souvent 50,000 personnes.

Daniel a été appelé dans le ministère quand il avait cinq ans et a commencé à prêcher quand il avait six ans. Ses parents sont devenus des missionnaires au Mexique quand il avait dix ans. Quand il avait quatorze ans, il a commandé le ministère pour enfant ce qui lui a donné l'opportunité de faire le ministre dans quelques-unes des grandes églises d'Amérique alors qu'il n'était qu'un adolescent.

A l'âge de quinze ans, Daniel a lu un livre où l'auteur encourage les jeunes gens à fixer un objectif de gagner 1,000,000 $. Daniel a réinterprété ce message déterminé à gagner 1,000,000 nouveaux croyants chaque année.

Daniel a écrit vingt-et-un livres notamment son best-seller *Healing Power, The Secret of Obed-Edom* et *Fire Power*. Son livre *Bienvenue au Royaume* lui a permis d'acquérir dix milles nouveaux croyants.

Festivals des âmes gagnantes

Dominican Republic

Honduras

Panama

Mexico

Guatemala

Sudan

Brazil

Haiti

Pakistan

Indonesia

India

Haiti

South Africa

Colombia

Peru

Nicaragua

Festivals des âmes gagnantes

Metu, Ethiopia

Khushpur, Pakistan

Roca Blanca, Mexico

Sialkot, Pakistan

Agere Maryam, Ethiopia

Kisaran, Indonesia

Festivals des âmes gagnantes

Sambava, Madagascar

Wondo Genet, Ethiopia

Kihihi, Uganda

Guder, Ethiopia

Kawdé Bouké, Haiti

Copan, Honduras

La vision du Roi des Ministres
a mené 1,000,000 personnes
à croire en Jésus chaque année
et a permis à des croyants
de devenir des leaders.

Pour contacter Daniel & Jessica King:

Écrire:
King Ministries International
PO Box 701113
Tulsa, OK 74170 USA

King Ministries Canada
PO Box 3401
Morinville, Alberta T8R 1S3 Canada

Appeler gratuitement:
1-877-431-4276

Visiter le site en ligne:
www.kingministries.com

Email:
daniel@kingministries.com

*9 781931 810265 *